CONVENTION

DU 29 MAI 1845

NOTRE COMMERCE EST-IL REPLACÉ SOUS LA SURVEILLANCE
EXCLUSIVE DE NOTRE PAVILLON?

PAR

M. LE COMTE MATHIEU DE LA REDORTE

EXTRAIT DE LA REVUE DES DEUX MONDES
LIVRAISON DU 1er JANVIER 1846

PARIS

AU BUREAU DE LA REVUE DES DEUX MONDES
RUE DES BEAUX-ARTS, 10

1846

CONVENTION

DU 29 MAI 1845.

NOTRE COMMERCE EST-IL REPLACÉ SOUS LA SURVEILLANCE EXCLUSIVE
DE NOTRE PAVILLON ?

Les conventions de 1831 et 1833 avaient soumis le pavillon français à l'exercice d'un droit de visite. Ce droit ne pouvait être exercé que dans certains parages et par certains croiseurs. Une convention nouvelle, signée le 20 décembre 1841, donna plus d'étendue aux parages dans lesquels les navires français pourraient être visités, en diminuant les garanties attachées au nombre comme au choix des croiseurs.

Cette convention venait à peine d'être signée, lorsqu'une vive discussion s'éleva, à ce sujet, au sein de la chambre des députés. M. Billault, qui provoqua cette discussion et y prit la part principale, montra que les inconvéniens déjà attachés à l'exercice du droit de visite établi par les traités de 1831 et 1833 allaient être aggravés par la convention nouvelle. Le cabinet chercha vainement à justifier cette convention ; un paragraphe spécial, voté à la presque unanimité, fut ajouté au projet d'adresse, et empêcha le ministère de ratifier la convention du 20 décembre 1841.

L'opinion publique, éclairée par cette discussion et frappée par la saisie illégale d'un navire français, se prononça énergiquement contre le droit de visite dans les élections générales qui eurent lieu au mois de juillet suivant. Dès la première session de la législature qui va bientôt finir, la chambre des députés, pénétrée elle-même du sentiment public, renouvela, dans son adresse à la couronne, le vœu émis déjà l'année précédente. Il n'était plus question de la convention de 1841; le gouvernement avait refusé de la ratifier. Il s'agissait d'abolir totalement le régime des conventions primitives, et le cabinet, placé dans l'alternative de se retirer ou d'accéder au vœu de la chambre, prit l'engagement d'ouvrir une négociation à l'effet de *replacer notre commerce sous la surveillance exclusive de notre pavillon.*

Les traités de 1831 et 1833 ont été, en effet, abrogés par la convention du 29 mai 1845. Le système de cette convention consiste à remplacer l'ancienne visite, qui avait pour but de vérifier la nature des opérations, par une visite d'un nouveau genre effectuée pour vérifier la nationalité des navires marchands et la réalité de leurs pavillons. On a proclamé que ce système, rendant, selon le vœu formel des chambres, la police de notre commerce à notre propre marine, était d'ailleurs conforme aux principes généralement reconnus du droit des gens et à la pratique constante des nations maritimes. Cette affirmation, inscrite dans la convention même, a été reproduite dans un article officiel du *Moniteur* (1), développée à la tribune de la chambre des députés par M. le ministre des affaires étrangères, et récemment enfin répétée dans le discours de la couronne.

Le droit établi par les instructions du 29 mai paraissait tellement innocent, qu'on ne s'inquiéta guère, dans le premier moment, d'en éclaircir les conséquences. On était fondé à le considérer comme parfaitement conforme à tous les précédens en matière de droit des gens et de police maritime. Comment supposer que des déclarations aussi positives et renouvelées sous tant de formes fussent contraires à la vérité? Il est résulté de là que tout le monde a cru pouvoir se féliciter de cette convention, et la considérer comme une victoire diplomatique.

L'Angleterre attachait un grand prix au maintien des traités de

(1) « Quant à l'article 8, lorsque les instructions qui y sont annexées seront publiées, il sera évident qu'elles ne font que régler l'exécution d'un principe du droit des gens conforme à la pratique constante de la marine française, aux précédens de notre législation, et établi dans la même forme, dans les mêmes termes, par les documens officiels du gouvernement des États-Unis. » (*Moniteur*, 5 juin 1845.)

1831 et 1833. La France, au contraire, en désirait vivement l'abrogation. Ces traités sont abrogés, et les choses replacées, nous assure-t-on, sous la règle du droit des gens, c'est-à-dire sur le pied où elles devaient être antérieurement au 30 novembre 1831.

Toutes les concessions sont donc en apparence faites par l'Angleterre.

En réalité, il en a été bien autrement.

On a transigé.

L'Angleterre a consenti à abroger les traités de 1831 et 1833. La France a consenti à modifier le droit des gens. On a aboli le droit de visite fondé sur les traités, et on a institué, en le déclarant conforme au droit des gens et à la pratique constante des nations maritimes, le droit de visite pour vérification de la nationalité des navires. Ainsi, par la convention du 29 mai 1845, il y a eu concessions de part et d'autre; mais elles sont fort inégales.

L'Angleterre a beaucoup gagné en paraissant tout concéder et ne rien obtenir. La France a beaucoup perdu en paraissant tout obtenir et ne rien concéder.

Un célèbre publiciste anglais, Jérémie Bentham, a dit : « Dans les traités entre nations, si l'une fait une concession à l'autre, il est d'usage, pour sauver le point d'honneur, de donner aux articles un air de réciprocité. L'objet serait-il, par exemple, de permettre en Angleterre l'importation des vins de France, on stipulerait que les vins des deux contrées peuvent réciproquement s'importer, en payant les mêmes droits. » Il n'y a pas un des traités conclus par l'Angleterre sur le droit de visite réciproque avec les nations diverses, qui n'offre un exemple frappant de ce genre de sophisme.

Il me semble donc important d'établir le sens et la portée de la convention du 29 mai 1845. Je me propose de montrer : 1° que le droit de vérifier le pavillon des navires marchands, loin d'être conforme aux principes du droit des gens, est une véritable innovation; 2° que l'exercice de ce nouveau droit, loin de replacer notre commerce sous la surveillance exclusive de notre pavillon, doit entraîner, pour notre marine marchande et pour le maintien des bons rapports de la France avec les autres états maritimes, des inconvéniens plus nombreux et plus graves que ceux qui résultaient du système récemment abrogé; 3° que ce même droit, sans être d'aucune utilité pour la France, sert uniquement à constituer la police maritime exercée par l'Angleterre.

I.

Pour arriver à démontrer que la convention du 29 mai est une innovation, j'examinerai successivement : 1° les doctrines des différens
états sur ce point; 2° les décisions des tribunaux compétens; 3° la pratique des nations maritimes.

Voyons quelle a été, relativement au droit qui nous occupe, la
doctrine des différentes nations, et spécialement de la France et de
l'Angleterre.

Depuis 1815, l'Angleterre a voulu fonder un système de police maritime en temps de paix pour la répression de la traite des nègres.
Ce système a donné lieu à des négociations collectives dans les congrès, et à des négociations séparées de puissance à puissance. Tous les
états maritimes y ont pris part dans une forme ou dans l'autre; presque tous ont conclu des conventions spéciales à ce sujet. Il a été clairement entendu en toutes circonstances, et par tous les états, qu'aucune nation ne pouvait exercer, en temps de paix et en pleine mer,
aucun droit de police sur les navires des autres nations, à moins d'y
être autorisée par un traité qui détermine dans quels cas et dans
quelles formes un pareil droit peut être exercé.

Ainsi, il est resté établi en principe que les navires des nations qui
n'ont conclu aucun traité de ce genre, qui n'ont délégué *volontairement* à une autre nation aucune part de leur souveraineté, ont droit à
une indépendance absolue, à l'affranchissement complet de toute police exercée en mer par des étrangers.

Avant 1841, personne n'avait prétendu qu'indépendamment du
droit de visite *conventionnel* il existât un droit de visite *naturel* et général, ayant pour objet la vérification de la nationalité des navires,
donnant à tous les bâtimens de guerre le pouvoir d'aborder indistinctement tous les navires marchands, et de visiter les papiers de ces navires, sur le soupçon qu'ils auraient arboré un faux pavillon. Dans les
occasions où la France et l'Angleterre ont solennellement reconnu la
complète indépendance des pavillons en temps de paix, à l'égard de
toute police étrangère, ces puissances n'ont jamais admis, par une
exception implicite, le droit de visite pour vérification de la nationalité des navires, de même que l'on exceptait implicitement la police
exercée en matière de piraterie.

Dans le mémoire communiqué le 27 octobre 1818 par lord Castlereagh au duc de Richelieu, au congrès d'Aix-la-Chapelle, le pléni-

potentiaire anglais, pour décider la France à concéder le droit de visite réciproque, s'attache à démontrer que, le gouvernement français demeurant étranger à tout système de droit de visite conventionnel, la croisière française établie sur la côte d'Afrique pour la répression de la traite des nègres sera entièrement inefficace, même à l'égard des navires français, parce qu'ils échapperont à la surveillance en hissant un pavillon étranger, sous lequel il deviendra impossible de les découvrir, à moins d'y être autorisé par des traités spéciaux.

Au congrès de Vérone, le duc de Wellington, dans le mémoire adressé le 24 novembre 1822 aux plénipotentiaires des autres états, déclara que l'inefficacité de la police maritime exercée par l'Angleterre pour la répression de la traite des noirs tenait à la facilité avec laquelle les navires négriers échappaient à la poursuite des croiseurs britanniques en arborant le pavillon français, et il fondait, sur la nécessité de pourvoir à cet inconvénient, la demande d'un droit de visite réciproque établi par des conventions spéciales. Il est évident que lord Castlereagh et le duc de Wellington n'auraient pas employé de tels argumens, s'ils eussent considéré la vérification du pavillon des navires marchands comme autorisée par le droit des gens. Les déclarations de ces deux hommes d'état constatent suffisamment la doctrine du gouvernement britannique à cette époque.

De son côté, le gouvernement français a eu maintes fois l'occasion d'exposer sa doctrine maritime; il l'a exposée en 1815 à Vienne, en 1818 à Aix-la-Chapelle, en 1822 à Vérone. En ces diverses circonstances, il a déclaré, dans une forme générale et absolue, qu'il n'admettait *aucun droit de visite, aucune intervention, aucune police étrangère* envers nos navires marchands.

En 1831, les déclarations du gouvernement français furent tout-à-fait explicites en ce qui touche la vérification du pavillon. A cette époque, l'Angleterre reproduisit, avec un redoublement d'insistance, la demande, qu'elle nous avait souvent adressée, d'établir un droit de visite réciproque. Six mois avant d'être accueillie et consacrée par la convention du 30 novembre 1831, cette demande fut repoussée par le gouvernement français. M. le maréchal Sébastiani, alors ministre des affaires étrangères, signifia ce refus dans une dépêche adressée, le 7 avril 1831, à lord Granville, ambassadeur d'Angleterre à Paris. Dans cette dépêche, M. le maréchal Sébastiani ne se borna pas à reproduire les déclarations générales qui avaient été faites précédemment; il déclara formellement qu'à la France seule appartenait le droit de vérifier si le pavillon français était frauduleusement usurpé.

L'importance de cette dépêche m'oblige à en citer le passage suivant :

« Le gouvernement français, dit M. le maréchal Sébastiani, a déjà fait connaître à plusieurs reprises les motifs qui ne lui permettaient pas d'adhérer à de semblables propositions. Ces considérations n'ont rien perdu de leur force ni de leur importance. L'exercice d'un droit de visite sur mer en pleine paix serait, malgré la réciprocité qu'offre l'Angleterre, essentiellement contraire à nos principes, et blesserait de la manière la plus vive l'opinion publique en France. Il pourrait en outre avoir les plus fâcheuses conséquences, en faisant naître entre les marins des deux nations des différends susceptibles de compromettre les relations qui unissent si intimement la France et l'Angleterre. *Il est bien évident, monsieur l'ambassadeur, que les étrangers qui osent emprunter le pavillon français pour se livrer à un trafic que réprouvent à la fois les lois divines et humaines ne peuvent être régulièrement découverts et saisis en mer que par nos croisières;* mais il y a lieu d'espérer que les efforts constans des officiers de notre marine auront, à cet égard, tout le succès désirable. »

Je puise une nouvelle démonstration des sentimens du gouvernement français à cette époque dans le simple examen du premier traité conclu en 1831 entre l'Angleterre et la France. Il est dit expressément que les papiers des navires marchands de l'une des nations ne peuvent être examinés par les croiseurs de l'autre, avant que ces croiseurs aient produit le mandat spécial qui leur confère le droit exceptionnel de visite. Aurait-on pris cette précaution, si l'on avait cru consacrer un droit naturel et universellement reconnu?

De la part de l'Amérique, la protestation contre le droit de visiter en pleine mer la nationalité des navires est formelle, décisive; elle retentit encore. Les États-Unis soutiennent que le pavillon américain confère au vaisseau qui le porte une sorte d'inviolabilité, hors le cas de piraterie; ils refusent à toute autre puissance le droit de vérifier si le pavillon américain a été frauduleusement arboré. Depuis que le gouvernement britannique a prétendu ériger en droit la pratique que lui-même avait long-temps reconnue abusive, les États-Unis n'ont pas cessé de défendre les véritables principes du droit des gens, à Londres par leurs représentans, en Amérique par les déclarations et les actes des dépositaires du pouvoir.

Ce fut le 27 août 1841, précisément la veille du jour où le cabinet whig fut renversé par 91 voix de majorité dans la chambre des communes, à la suite d'un débat qui avait occupé quatre séances consécutives, que lord Palmerston réclama, *pour la première fois,* au nom de l'Angleterre, le droit de visiter la nationalité des navires sous pavillon américain. Le ministre des États-Unis à Londres, M. Stevenson, protesta immédiatement, et sur le ton de la surprise, contre cette prétention inouie. Les réponses de M. Stevenson, en date du 10 septembre et du 21 octobre 1841, parvinrent à lord Aberdeen, successeur de lord Palmerston au *Foreign Office*. De son côté, lord Aberdeen, après avoir maintenu dans deux dépêches du 13 octobre et du 20 décembre de la même année, adressées à M. Everett (qui venait de succéder à M. Stevenson), la position prise par l'Angleterre, mit fin lui-même à cette correspondance en informant le ministre d'Amérique que lord Ashburton allait être envoyé à Washington avec de pleins pouvoirs pour régler toutes les questions débattues entre l'Angleterre et les États-Unis, et qu'ainsi il serait inutile de discuter à Londres les points au sujet desquels une négociation spéciale devait être ouverte auprès du gouvernement américain.

Cette négociation a eu pour résultat le traité signé à Washington le 9 août 1842. Il a été convenu que chacune des puissances contractantes entretiendrait une croisière sur la côte d'Afrique pour la répression de la traite des nègres; mais rien n'a été réglé relativement aux pouvoirs que ces croiseurs seraient appelés à exercer en vertu du droit des gens, de telle sorte que la grave question qui divisait l'Angleterre et les États-Unis est demeurée indécise. Voici maintenant ce qui s'est passé depuis la conclusion du traité.

Dans son message annuel du 8 décembre 1842, le président des États-Unis s'exprima ainsi au sujet du différend qui nous occupe :

« Bien que lord Aberdeen, dans sa correspondance avec l'envoyé américain à Londres, repousse expressément toute prétention au droit d'arrêter un navire américain en haute mer, lors même que ce navire aurait des esclaves à bord, et restreigne toutes les prétentions de l'Angleterre à celle de visiter et de s'enquérir, le pouvoir exécutif des États-Unis ne peut pas bien comprendre comment une visite et une enquête pourraient être faites sans arrêter un navire au milieu de son voyage, et par suite sans interrompre son commerce. Cette visite et cette enquête ont été regardées comme un droit de recherche présenté sous une nouvelle forme, avec un nouveau nom. En conséquence, j'ai cru de mon devoir de déclarer d'une manière positive, dans mon message annuel au congrès, que *pareille concession ne serait pas faite*, et que les États-Unis ont la volonté et le pouvoir de faire exécuter leurs propres lois et d'empêcher que leur pavillon soit employé dans des vues formellement interdites par ces mêmes lois. »

Lord Aberdeen, en recevant ce message, craignit que le langage tenu par le président de l'Union américaine ne fît supposer que la question du droit de visite avait été résolue par les plénipotentiaires anglais et américains, et que l'Angleterre avait fait des concessions sur ce point. Dans cette appréhension, lord Aberdeen écrivit à M. Fox, ministre d'Angleterre aux États-Unis, une dépêche en date du 18 janvier 1843, qui devait être communiquée au secrétaire d'état de l'Union, et où il maintient les principes développés dans la dépêche du 20 décembre 1841, à savoir que l'Angleterre avait droit de faire visiter par ses croiseurs les navires sous pavillon américain, quand il y aurait apparence que ce pavillon serait arboré frauduleusement, et que des instructions avaient été données en conséquence aux croiseurs anglais. Lord Aberdeen ajoutait d'ailleurs qu'en cas de visite faite sans motifs suffisans, et en cas de préjudice souffert par les navires américains par suite de ces visites, réparation serait faite.

M. Webster, secrétaire d'état de l'Union américaine, ayant reçu communication de cette pièce, y répondit, le 28 mars 1843, par une dépêche adressée à M. Everett, et destinée à être communiquée à lord Aberdeen. Développant à son tour les principes énoncés en 1841 par M. Stevenson, M. Webster déclare que la visite pour vérification de nationalité n'offre pas moins d'inconvéniens que celle qui a pour but de vérifier la nature des opérations, et que les réparations offertes en certains cas par lord Aberdeen seraient toujours insuffisantes et tardives; il maintient qu'à moins de soupçons graves de piraterie, aucun navire américain ne doit être ni interrompu dans sa navigation, ni abordé, ni visité, même pour vérification de la nationalité; que tout navire marchand américain a droit de s'y refuser; que, *si l'on veut l'y contraindre, ce navire sera dans le cas de légitime défense*, et qu'ainsi la responsabilité de toutes les conséquences que cette résistance peut entraîner pèsera sur le croiseur.

Les États-Unis, par suite du traité de Washington, entretiennent une croisière sur les côtes d'Afrique. Les instructions données par M. Upshur, ministre de la marine américaine, en date du 15 mars 1843, aux croiseurs américains, leur prescrivent de ne pas vérifier la nationalité des navires sous pavillon étranger.

On peut donc affirmer, d'après tout ce qui précède, que la doctrine de tous les états maritimes, et particulièrement de la France, de l'Amérique et même de l'Angleterre avant 1841, a été positivement contraire au droit que la convention de 1845 vient d'instituer, à ce droit qui nous est présenté comme un principe absolu et universellement accepté.

J'aborde un second genre de preuves. Je vais démontrer que l'ancien et véritable droit des gens, en ce qui concerne l'inviolabilité du pavillon, est confirmé par la jurisprudence maritime. Il n'est pas nécessaire de multiplier les exemples, encore moins de les emprunter à tous les tribunaux du monde. Il suffira de faire connaître quelle a été, sur la matière qui nous occupe, et jusqu'aux prétentions élevées en ces derniers temps, la jurisprudence de la Grande-Bretagne. Les arrêts de la haute cour d'amirauté et des tribunaux mixtes, institués pour la répression de la traite des nègres, vont me fournir quelques exemples saisissans.

Le 11 mars 1816, un bâtiment de guerre anglais, *la Reine Charlotte*, rencontre un navire marchand français, *le Louis*, près du cap Mesurado, sur la côte d'Afrique. Le commandant de *la Reine Charlotte* somme le capitaine du *Louis* de s'arrêter, de se laisser aborder et visiter. Le capitaine du *Louis* s'y refuse; une lutte s'engage. A bord du *Louis*, un homme est tué, trois sont blessés. A bord de *la Reine Charlotte*, huit hommes sont tués et douze blessés. Après le combat, le commandant anglais procède à la visite; il vérifie la nationalité, il constate la nature des opérations. Ayant trouvé que le navire *le Louis* était français et engagé dans la traite des nègres, il saisit le navire et le traduit devant la cour de vice-amirauté de Sierra-Leone. La demande en condamnation de ce navire est fondée sur deux motifs distincts : 1° le navire *le Louis* est français et il fait la traite des nègres contrairement aux traités du 31 mai 1814, du 20 novembre 1815, par lesquels la France s'est engagée envers la Grande-Bretagne à abolir ce trafic; 2° le navire a résisté par la force à la visite d'un croiseur anglais dûment commissionné. La cour de vice-amirauté de Sierra-Leone déclara que, ces deux motifs étant fondés, la prise était valable. La condamnation du *Louis* ainsi que de sa cargaison fut prononcée; mais les choses n'en restèrent pas là. Les propriétaires du *Louis* appelèrent de ce jugement devant la haute cour d'amirauté anglaise.

Sir William Scott, depuis lord Stowell, que les Anglais regardent comme la plus grande autorité en matière de droit maritime, était alors juge d'amirauté; il s'agissait d'un cas dans lequel le sang anglais avait coulé à grands flots, et d'un fait de traite, c'est-à-dire d'un acte universellement odieux aux Anglais. Néanmoins sir William Scott décida que le navire *le Louis* avait été mal à propos condamné sur l'un et l'autre point : 1° parce que, bien que la France se fût engagée envers l'Angleterre, par les traités du 31 mai 1814 et du 20 novembre 1815, à abolir la traite, elle n'avait conféré à l'Angleterre, ni par ces traités, ni par aucune convention spéciale, *aucun droit de police sur les navires français;* 2° parce qu'en temps de paix, et hors des cas de piraterie, aucun bâtiment de guerre ou autre, de quelque commission qu'il puisse être muni par son propre gouvernement, ne possède *aucun droit d'intervenir en pleine mer, d'une manière quelconque, à l'égard des navires d'une nation étrangère,* ni pour le saisir, ni pour le visiter, ni pour l'aborder, ni pour l'obliger à s'arrêter, ni pour l'interrompre en quoi que ce puisse être dans sa navigation, à moins d'y être autorisé par un traité spécial conclu avec la nation à laquelle ce navire appartient.

Il est curieux de remarquer que, dans cette affaire, le navire *le Louis* a eu pour défenseur le docteur Lushington, aujourd'hui juge d'amirauté de la Grande-Bretagne et l'un des négociateurs de la convention de 1845. Le docteur Lushington soutint qu'en temps de paix, sur la haute mer, la Grande-Bretagne n'a aucun droit de visiter les navires des autres nations; il ajouta que, pour justifier le procédé du commandant de *la Reine Charlotte,* pour montrer qu'il était en droit de contraindre *le Louis* à se laisser arrêter, aborder et visiter, il fallait prouver qu'un droit de visite quelconque existait naturellement en temps de paix, et il dit :

« Si ce droit existe, il doit être fondé ou sur le droit des gens ou sur un traité spécial. S'il existe en vertu du droit des gens, il faut prouver qu'il se fonde sur un principe qui n'admette aucune contestation; et où trouvera-t-on ce principe? Il y a une entière absence de toute autorité dans les écrivains sur le droit public; on ne peut citer aucun cas où un tel droit ait été exercé de temps immémorial; l'on ne montre même pas que ce droit ait été invoqué ni par l'Angleterre ni par aucune autre nation. C'est une preuve décisive contre l'existence de ce droit; si ce droit est fondé sur une convention spéciale, il faut montrer cette convention. »

Cet exemple prouve bien clairement que les principes sur lesquels est fondée la convention de 1845 sont une innovation véritable. Supposez que cette convention eût été en vigueur alors, la solution de l'affaire eût été bien différente. *La Reine Charlotte* aurait eu le droit d'arrêter *le Louis,* de l'aborder et de visiter ses papiers; elle aurait eu le droit de l'y contraindre; la résistance du *Louis* aurait été illégitime. L'arrêt de la cour de vice-amirauté de Sierra-Leone eût été indubitablement confirmé. Loin de là, cet arrêt est cassé; *le Louis* et sa cargaison sont restitués, et, si sir William Scott ne condamne pas le commandant de *la Reine Charlotte* à des dommages-intérêts, il déclare que c'est parce

que le cas du *Louis* est le premier de ce genre, et parce que le capteur a agi de bonne foi; mais il annonce en même temps que, si un cas
pareil se présentait de nouveau, des dommages-intérêts seraient pro-
noncés contre le capteur.

Le 6 juillet 1824, sir William Scott rendit un second arrêt, fondé
exactement sur les mêmes principes. Il s'agissait d'un navire espagnol,
le *San Juan Nepomuceno*, abordé, visité et capturé le 7 décembre
1817 par le croiseur anglais *le Prince régent*, antérieurement à la
ratification du traité conclu entre la Grande-Bretagne et l'Espagne
pour la suppression de la traite des nègres. Le *San Juan Nepomuceno*
fut encore défendu par le docteur Lushington, qui reproduisit en
cette circonstance les principes qu'il avait déjà développés dans l'affaire du *Louis.*

Les tribunaux mixtes (1), institués pour juger les navires saisis en
conséquence des traités spéciaux obtenus par l'Angleterre, ont, pendant beaucoup d'années, et je puis dire jusqu'à la fin de 1838, appli-
qué la doctrine consacrée à la fois par la jurisprudence de la haute
cour de l'amirauté britannique, et par les déclarations des hommes
d'état anglais. Cette remarque s'applique à l'affaire du navire *Dona
Maria da Gloria*, jugée en 1834, et à celle des navires américains *Mary-
Anne Cassard*, *Florida*, *Eagle*, *Hazard*, *Iago*, déférés en 1838 au tribunal mixte de Sierra-Leone.

Le jugement prononcé le 30 octobre 1838 à l'occasion du navire la
Mary-Anne Cassard mérite d'être mentionné spécialement. Ce navire
avait été arrêté sous pavillon des États-Unis; quoique ses papiers fussent en apparence américains, il était évident que la *Mary-Anne Cassard* était une propriété espagnole déguisée sous le caractère américain. Néanmoins le tribunal mixte anglo-espagnol de Sierra-Leone se

(1) Les juridictions dont je veux parler ici sont instituées en vertu des traités
conclus par l'Angleterre avec l'Espagne, le Portugal et le Brésil. Par exemple, en
vertu du traité conclu avec l'Espagne, deux tribunaux mixtes ont été établis, l'un
à Sierra-Leone, l'autre à la Havane. Ils sont composés d'un juge anglais et d'un
juge espagnol; indépendamment de ces deux juges, il y a un arbitre anglais et un
arbitre espagnol. Quand les deux juges sont du même avis, le jugement est rendu
sans le concours des arbitres; dans le cas où les deux juges ne sont pas du même
avis, le sort décide si la question sera tranchée par l'arbitre anglais ou par l'arbitre
espagnol. — Les tribunaux mixtes anglo-portugais sont au nombre de trois depuis
le traité de 1842. Ils siégent, l'un à Sierra-Leone, l'autre à Boavista, dans une des
îles du cap Vert, le troisième au cap de Bonne-Espérance. C'est à Sierra-Leone et
à Rio-Janeiro que sont établis les tribunaux mixtes anglo-brésiliens. D'ailleurs,
les uns et les autres sont organisés et fonctionnent de la même manière.

déclara incompétent, et les deux commissaires anglais, MM. Macaulay
et Doherty, adressèrent à lord Palmerston un rapport explicatif de
cette décision. Dans ce rapport, qui a été publié et communiqué au
parlement britannique, on trouve le passage suivant :

« Premièrement, l'Amérique n'ayant concédé *sous aucune forme* le droit
de visite à la Grande-Bretagne, le lieutenant Kellett n'avait aucun droit, en
temps de profonde paix, d'aborder la *Mary-Anne Cassard,* naviguant sous
le pavillon des États-Unis, à moins qu'il n'ait eu de bonnes raisons pour
soupçonner que ledit navire était un pirate, occupé à commettre une offense
contre la loi des nations. Secondement, le lieutenant Kellett, n'ayant ainsi
aucun droit d'aborder la *Mary-Anne Cassard,* n'était point autorisé à visiter ni à saisir ledit navire; il n'était point fondé à se prévaloir des rensei-
gnemens obtenus par une *visite illégitime,* pour constater la qualité de
négrier, et le déguisement de la propriété espagnole sous le caractère américain. »

Ainsi la jurisprudence de la haute cour d'amirauté d'Angleterre,
celle des tribunaux mixtes institués pour la répression de la traite des
nègres, sont entièrement d'accord avec la doctrine émise à Aix-la-Chapelle par lord Castlereagh, et à Vérone par le duc de Wellington, qui
a d'ailleurs soutenu, en 1839, les mêmes principes devant le parlement.

Je pourrais à la rigueur me dispenser de rechercher quelle a été
la pratique des nations maritimes en ce qui touche le droit qui nous
occupe, car la pratique, pour être légitime, doit être conforme à la
doctrine; mais comme on a cherché à se prévaloir des abus commis par la marine anglaise, et comme on a imputé à la marine française des abus qu'elle n'a pas commis, pour ériger ensuite ces abus en
droits consacrés par l'usage, il importe d'éclaircir tous les doutes qui
pourraient s'élever à cet égard.

Dans la discussion du 27 juin dernier, à l'occasion du crédit extra-
ordinaire demandé aux chambres pour la formation et l'entretien de
la croisière française sur la côte d'Afrique, l'argumentation de M. le
ministre des affaires étrangères a porté sur ce point, que, aux termes
de la loi de 1825, le fait de naviguer sans papiers de bord ou avec des
papiers de bord délivrés par plusieurs puissances devenant un cas
de piraterie, la marine française a visité, depuis 1825, sur le soupçon
de piraterie, les navires étrangers dans tous les cas où elle sera ap-
pelée à les visiter aujourd'hui en vertu de la convention nouvelle,
c'est-à-dire sur le simple soupçon d'avoir arboré un faux pavillon.

Le ministre ajouta que la même pratique existe chez les autres grandes nations maritimes.

Si nos bâtimens de guerre ont commis l'énorme abus que leur impute M. le ministre des affaires étrangères, les instructions données par le département de la marine pour la répression de la piraterie doivent en faire foi, car c'est par ces instructions que nos bâtimens de guerre ont été guidés relativement à la conduite à tenir envers les navires étrangers.

J'ai désiré connaître les instructions données par le département de la marine à nos croiseurs avant la conclusion des traités de 1831 et 1833. Il m'a paru que ces instructions, à cause de leur objet et à raison de leur ancienneté, n'étaient pas de nature à demeurer secrètes. J'ai eu l'honneur d'écrire à M. le ministre de la marine pour lui demander d'en prendre connaissance. Il a bien voulu donner des ordres pour que ces documens me fussent communiqués.

J'ai reçu copie des instructions données, le 14 septembre 1831, pour la répression de la traite des noirs et de la piraterie, à M. le capitaine de vaisseau Brou, au moment où il allait partir sur la frégate *l'Hermione*, pour prendre le commandement de la croisière française sur la côte d'Afrique. La lecture de ces instructions m'a prouvé que nos croiseurs n'étaient nullement autorisés à considérer comme soupçon de piraterie et comme donnant ouverture au droit de visite la simple présomption que des navires étrangers arboraient un faux pavillon, qu'au contraire il leur était même expressément interdit de visiter les navires étrangers pour vérifier leur nationalité. Les passages que voici le montreront avec la dernière évidence :

« La France a constamment refusé de reconnaître à aucune nation le droit de visiter, dans l'intérêt de la répression de la traite, les navires couverts de son pavillon, et en conséquence *elle s'abstient* elle-même *de faire visiter les bâtimens portant pavillon étranger.*

« On ne peut méconnaître que cette situation de choses fournit aux navires négriers des facilités pour échapper à la surveillance des croisières; ces navires *trouvent une protection en arborant pavillon français devant les croiseurs anglais, et en arborant pavillon étranger devant les croiseurs français.* »

Enfin ces instructions ajoutent :

« Un moyen assuré pour déjouer fréquemment les précautions des coupables serait de se concerter avec les croiseurs anglais pour croiser de conserve, autant que les dispositions personnelles des officiers pourraient le permettre sans porter la moindre atteinte à l'indépendance du pavillon.

« Quelle que fût la couleur qu'arborât le navire négrier, il serait en présence d'un bâtiment de guerre ayant sur lui droit de visite (l'Angleterre a conclu des traités avec l'Espagne, le Portugal, le Brésil, la Hollande, au sujet de la visite réciproque). »

On voit, contrairement à l'assertion de M. le ministre des affaires étrangères, que la visite des navires sous pavillon étranger pour vérifier leur nationalité a été expressément interdite à nos bâtimens par les instructions émanées du département de la marine. Loin d'être conforme à la pratique constante de la marine française, le droit reconnu en 1845 lui est donc formellement opposé.

Relativement à la pratique de la marine anglaise, la question est plus délicate et mérite d'être examinée avec attention.

Il est bien vrai que les croiseurs britanniques ont fréquemment abordé les navires portant pavillon d'une nation qui n'avait concédé aucun pouvoir à l'Angleterre pour examiner les papiers de ces navires et vérifier leur nationalité; ils ont fait plus, ils ont fréquemment vérifié la nature de leurs opérations et même opéré la saisie.

De ces abus on ne peut induire l'existence d'un droit.

Il faut observer, d'ailleurs, que, si la plupart des gouvernemens étrangers n'ont pas réclamé contre de semblables abus dans tous les cas, et aussi énergiquemeut qu'ils auraient dû le faire, ces gouvernemens ont réclamé souvent, et que leurs réclamations ont été quelquefois admises; que l'Angleterre elle-même a souvent reconnu et réprimé, comme une illégalité, l'intervention de ses croiseurs à l'égard des nations qui n'avaient pas concédé un droit de visite conventionnel.

Je rappellerai seulement ce qui s'est passé, en deux circonstances, entre l'Angleterre d'une part, la France et les États-Unis de l'autre.

Le 4 juin 1830, M. le duc de Laval-Montmorency, alors ambassadeur de France à Londres, adressa à lord Aberdeen, qui était comme aujourd'hui ministre des affaires étrangères, une dépêche dans laquelle il demandait au gouvernement anglais de prescrire à ses croiseurs plus de réserve dans l'exercice de leurs fonctions. Cette réclamation ne fut pas adressée vainement; des ordres furent envoyés au commandant de la croisière anglaise sur la côte d'Afrique pour que les croiseurs eussent à s'abstenir de *toute intervention* à l'égard du pavillon français.

En voici la preuve. Le commodore Hayes, commandant la croisière anglaise sur la côte d'Afrique, écrit de Sierra-Leone, en date du 20 jan-

vier 1831, à M. G. Elliot, secrétaire de l'amirauté britannique, **une
dépêche** dans laquelle il développe les raisons qui s'opposent à la répression efficace de la traite des noirs. On y trouve le passage suivant :

« La seconde raison est dans les ordres qui me sont donnés et qui m'interdisent toute intervention à l'égard du pavillon français. Comme il est
facile, pour quelques centaines de dollars, de se procurer des pavillons et des
papiers français, la seule chose qui doive surprendre, c'est que l'on trouve
sur cette côte un autre pavillon employé à faire la traite; lorsque les ordres
que j'ai reçus seront plus généralement connus, il n'y en aura pas d'autres. »

De leur côté, les États-Unis ne se résignaient pas non plus à l'intervention illégitime de la marine britannique. Plus d'une fois ils ob-
tinrent satisfaction; je le prouverai par l'exemple suivant.

Le navire américain l'*Edwin* ayant été fort maltraité par le croiseur
britannique la *Colombine*, capitaine George Elliot, dans une visite
effectuée le 12 juillet 1839, M. Stevenson, ministre des État-Unis à
Londres, s'en plaignit vivement; voici la réponse que lui adressa lord
Palmerston, le 15 février 1840 :

« Le soussigné a reçu la note qui lui a été adressée par M. Stevenson, et
portant plainte de la conduite tenue par le lieutenant Elliot *dans l'examen
des papiers de bord* du bâtiment américain l'*Edwin*. Le soussigné a voulu
qu'une enquête fût immédiatement instituée sur cette affaire, et il s'empres-
sera d'en faire connaître sans délai le résultat à M. Stevenson.

« Le soussigné a l'honneur en même temps d'informer M. Stevenson que
des *ordres stricts de ne pas intervenir* à l'égard des navires appartenant à
des états qui n'ont conclu avec la Grande-Bretagne aucun traité portant
concession d'un droit de visite réciproque *ont été donnés* aux croiseurs de
sa majesté employés à la répression de la traite..... »

Des faits postérieurs prouvent que les ordres dont parle lord Palmerston ont été effectivement donnés. Jusqu'en 1841, les abus commis par les croiseurs anglais sur le pavillon américain étaient secrè-
tement tolérés peut-être, mais non pas autorisés officiellement par
l'amirauté anglaise. Tant qu'un grand nombre de puissans états sont
demeurés en dehors des traités conclus par l'Angleterre pour la répression de la traite des nègres, le gouvernement britannique s'est
borné à ne pas réprimer sévèrement les abus commis par ses croiseurs; mais lorsque l'Autriche, la Prusse et la Russie se montrèrent
disposées à entrer dans le système du droit de visite réciproque et à

conclure le traité qui fut signé le 20 décembre 1841, les États-Unis se trouvant alors la seule puissance considérable en dehors des traités, on crut pouvoir se dispenser d'user de ménagement à leur égard.

Après quelques actes transitoires, dont il serait trop long d'exposer ici le développement graduel, éclata la fameuse déclaration du 27 août 1841, lancée par lord Palmerston. Le 7 décembre de la même année ont été envoyées, pour la première fois, aux commandans en chef des croisières britanniques au cap de Bonne-Espérance, sur la côte d'Afrique, aux Indes occidentales et sur les côtes du Brésil, des instructions qui leur prescrivent de vérifier la nationalité des navires sous pavillon américain. On sait déjà comment l'Amérique accueillit cette prétention.

Je crois avoir pleinement démontré que le droit de vérifier la nationalité des navires n'est fondé ni sur les principes du droit des gens, ni sur la pratique des nations maritimes. Aucun publiciste, aucun jurisconsulte, aucun tribunal, aucun gouvernement n'avait jamais reconnu l'existence d'un pareil droit. L'Angleterre l'a proclamé pour la première fois le 27 août 1841; la marine anglaise ne l'exerce régulièrement que depuis le 7 décembre de la même année. Elle ne l'exerçait auparavant qu'à titre d'abus, toujours reconnus tels, et plusieurs fois réprimés. La France vient de consacrer ces abus, et de les ériger en droits par la convention du 29 mai, contrairement à la doctrine qu'elle avait toujours professée, et que la marine française avait constamment observée.

II.

Il me reste à démontrer maintenant que la convention du 29 mai 1845, au lieu d'améliorer le régime introduit par le système de 1831 et 1833, aura pour effet de l'aggraver; que notre commerce, bien loin d'être replacé sous la surveillance *exclusive* de notre pavillon, aura à subir au contraire une inquisition plus générale, une servitude plus réelle; que les occasions de conflit entre la marine française et celles des autres peuples seront nécessairement multipliées.

La convention de 1845 a pour résultat, je le répète, de remplacer le *droit de visite*, que la France et l'Angleterre s'étaient accordé réciproquement, par la *vérification de la nationalité*.

Le mot est nouveau : la chose est-elle nouvelle? Y a-t-il dans la pratique une différence possible entre la visite d'un bâtiment pour dé-

couvrir s'il fait la traite, et l'enquête nécessaire pour vérifier si le bâtiment suspect appartient en réalité à la nation dont il porte le pavillon?

Les Américains n'ont pas compris cette distinction : on peut s'en
convaincre en relisant le message du président des États-Unis, que
j'ai cité plus haut. Les instructions données aux croiseurs anglais, en
vertu de la convention que j'examine, disent assez vaguement qu'au
besoin on engagera le vaisseau soupçonné à amener, afin de pouvoir
vérifier sa nationalité, qu'on sera même autorisé à l'y contraindre, que
l'officier qui abordera le navire étranger devra se borner à s'assurer
de la nationalité de ce navire par l'examen des papiers de bord ou *par
toute autre preuve*. Or, après l'examen des papiers et l'enquête orale,
il n'y a qu'un genre de preuve, c'est celle qui consiste dans la visite
de la cargaison (1). C'est là précisément ce qui constituait l'ancien
droit de visite, et c'est ce qui l'a rendu intolérable. Les recherches
faites pour discerner si un bâtiment de commerce ne cache pas sa
nationalité sous un faux pavillon pourront donc avoir les mêmes formes, les mêmes inconvéniens que les recherches faites pour découvrir si un bâtiment suspect fait la traite.

On se demandera sans doute, d'après ce qui précède, comment il
a été possible de soutenir que notre commerce allait être à l'avenir
replacé sous la surveillance exclusive de notre pavillon. Une phrase
des *instructions* données aux croiseurs anglais semble, à la vérité,
justifier cette assertion : « Vous ne devez, leur dit-on, ni capturer, ni
visiter les navires français, ni exercer à leur égard aucune intervention, et vous donnerez aux officiers sous votre commandement l'ordre
formel de s'en abstenir; » mais cette prétendue concession est aus-
sitôt détruite par la phrase suivante que je transcris : « En même
temps, vous vous rappellerez que le roi des Français est loin d'exiger
que le pavillon français assure aucun privilége à ceux qui n'ont pas le
droit de l'arborer, et que la Grande-Bretagne *ne permettra pas* aux
vaisseaux des autres nations *d'échapper à la visite et à l'examen* en
hissant un pavillon français, ou celui de toute autre nation, sur laquelle la Grande-Bretagne n'aurait pas, en vertu d'un traité exis-
tant, le droit de visite. » Cette prétention de l'Angleterre, long-temps
repoussée par la France, a été admise par la convention de 1845, et

---

(1) Les instructions données en 1841 par le gouvernement anglais pour la visite
des navires soupçonnés d'arborer un faux pavillon ne laissent aucun doute à cet
égard. Il y est dit formellement : « Si les investigations donnaient des motifs suffisans de penser que le pavillon arboré par le navire a été frauduleusement pris par
lui, *vous procéderez à l'examen du bâtiment et de la cargaison.* »

inscrite en ces termes dans l'article 8 : « Si le pavillon est *primá facie* le signe de la nationalité d'un navire, cette présomption ne saurait être considérée comme suffisante pour interdire, dans tous les cas, de procéder à la vérification. » Il résulte de ces deux citations que l'Angleterre s'abstiendra de faire visiter les bâtimens protégés par le pavillon de la France, quand il y aura certitude qu'ils sont français; mais comment acquérir cette certitude autrement qu'en pratiquant une visite? Voilà ce qu'on aurait dû dire. Comment constater l'origine d'un bâtiment en pleine mer sans l'arrêter dans sa course, sans l'aborder, sans le soumettre à une inquisition plus ou moins blessante? Le navire français qui n'éveillera aucun soupçon ne sera pas arrêté; mais, s'il a le malheur de paraître suspect, il sera hélé par un croiseur anglais, sommé de s'arrêter et de se laisser aborder, contraint par la force, s'il refuse. Si l'examen de ses papiers de bord ne satisfait pas l'officier étranger, il devra laisser inspecter sa cargaison; il pourra être saisi et conduit devant un tribunal étranger; il sera exposé, en un mot, aux mêmes vexations dont le commerce français a eu à se plaindre sous l'empire des conventions de 1831 et 1833, et au sujet desquelles la chambre des députés s'est énergiquement prononcée.

Si l'on doutait que la visite opérée pour vérification de nationalité eût les mêmes caractères et entraînât les mêmes abus que la visite opérée pour réprimer la traite, il suffirait de comparer les instructions données par l'amirauté anglaise, le 12 juin 1844, aux officiers chargés spécialement de poursuivre les négriers, avec les instructions données le même jour pour la visite des navires soupçonnés d'arborer un pavillon qu'ils n'ont pas le droit de prendre. C'est qu'en effet il n'y a pas plusieurs manières d'exercer la police en pleine mer. La police maritime, sous quelque prétexte qu'on l'exerce, doit consister nécessairement dans une série d'investigations et de mesures préventives : 1° l'enquête orale qui se fait à bord des navires; 2° la visite des papiers; 3° la recherche à bord, comme disent les Anglais, c'est-à-dire la visite du bâtiment et de la cargaison ; 4° la saisie provisoire, sauf réparation en cas d'abus.

Il arrivera le plus souvent que la visite opérée pour vérification de la nationalité se bornera à l'enquête orale et à l'examen des papiers. Il ne faut pas croire que ces formalités soient insignifiantes : le simple interrogatoire que le capitaine et l'équipage du navire abordé sont obligés de subir présente des inconvéniens réels. C'est chose grave que de mettre fréquemment les équipages de nos navires marchands en présence d'une sorte de gendarmerie étrangère, qui peut, à part les malentendus produits par la différence de langage, apporter dans cette formalité des façons plus rudes, un ton plus impérieux, que ne le comportent nos mœurs, et faire naître des conflits dangereux. La présence d'un détachement envoyé par un bâtiment de guerre sur un navire marchand, l'appareil dominateur avec lequel les visites s'effectuent, sont, en quelque sorte, une occupation armée de ce navire.

Un des principaux inconvéniens des instructions du 29 mai, c'est qu'elles ne prescrivent aucune règle relativement à la manière dont les navires marchands seront abordés et relativement au déploiement de force avec lequel la visite s'effectuera. C'était bien le moins, il me semble, de prescrire en cette matière, et pour un droit de visite qui doit être exercé en temps de paix, l'ensemble des précautions que la France et les États-Unis d'Amérique sont convenus d'appliquer, par le fameux traité de 1778, au droit de visite exercé en temps de guerre; on peut voir, dans l'article 7 de ce traité, qu'il est prescrit aux bâtimens de guerre et aux armateurs, *afin d'éviter tout désordre*, de se tenir *hors de la portée du canon*, d'envoyer une chaloupe à bord du navire marchand, et d'y faire entrer *deux ou trois hommes* seulement.

Le second degré d'investigation, l'examen des papiers, est une opération plus grave encore. Parmi les papiers de bord d'un navire, il en est dont la communication faite à tous les bâtimens de guerre que l'on peut rencontrer est un véritable inconvénient pour le commerce. Les connaissemens des navires et les instructions données par les armateurs à leurs capitaines sont de ce nombre. Il est à remarquer, en outre, que dans la pratique on ne se borne même pas à l'examen des papiers de bord proprement dits; les croiseurs anglais sont dans l'usage d'examiner également les lettres particulières et les écrits qu'ils peuvent trouver; il leur est même prescrit d'en agir ainsi par les instructions de l'amirauté, à qui ils doivent, en certains cas, rendre compte de tous les documens, lettres et écrits (*documents, letters and writings*) qu'ils ont eu occasion de vérifier.

En 1778, la France et les États-Unis ayant senti les inconvéniens qu'entraîne l'examen des papiers d'un navire, quand on ne prescrit aucune limite à cet examen, convinrent (et il s'agissait alors du droit de visite en temps de guerre) de borner la vérification de la nationalité des navires sous pavillon neutre à la simple présentation d'un passeport dont la formule était annexée au traité même. La convention récente n'offre à notre commerce aucune garantie semblable; il semble, au contraire, qu'on ait pris soin de ne prescrire en cela aucune limite.

En ce qui touche la visite de la cargaison des navires, on est tenté, au premier abord, de se figurer que la convention du 29 mai offre de grands avantages au commerce français. Il importe d'examiner ce point de très près.

J'ai déjà eu occasion de faire remarquer que les instructions annexées à la convention du 29 mai n'interdisent pas la visite de la cargaison; elles autorisent au contraire les croiseurs anglais à constater la nationalité des navires français par tous les moyens, tous les genres de preuves qui peuvent concourir à la constater. Or, l'examen de la cargaison d'un navire est le moyen le plus sûr de vérifier la réalité des papiers de bord. Comme les instructions annoncent que ces papiers sont souvent contrefaits, il est certain que les croiseurs anglais visiteront la cargaison de nos navires marchands toutes les fois qu'après examen fait des papiers, la nationalité française ne paraîtra pas suffisamment constatée. Il est à craindre que cela n'arrive souvent, soit parce que les papiers seront irréguliers, à raison de quelque accident ou de quelques négligences, soit parce que, les papiers étant réguliers, on les croira contrefaits, soit enfin à raison des erreurs ou des abus commis par les officiers qui procéderont à la visite.

Sous l'empire des conventions de 1831 et 1833, lorsqu'il s'agissait seulement de découvrir si les navires suspects étaient engagés dans le commerce illicite de la traite, il n'y avait pas de raisons pour que la visite intérieure des bâtimens français fût plus fréquente qu'aujourd'hui. La nationalité française une fois constatée, la visite de la cargaison devenait inutile et abusive, car il était à la connaissance de tous les officiers étrangers que les navires réellement français ne font plus la traite. Depuis 1831 jusqu'à ce jour, on ne cite que deux navires français, *le Marabout* et *la Sénégambie*, arrêtés sur le soupçon d'être engagés dans le trafic des noirs. Quant au *Marabout*, il a été prouvé qu'il ne faisait pas la traite, et la cour royale de Cayenne a déclaré son arrestation illégale. En ce qui touche *la Sénégambie*, elle a été saisie sur le territoire anglais en vertu des lois anglaises : il a été également prouvé que ce n'était pas un navire négrier; c'était un navire commissionné par le gouverneur d'un de nos établissemens sur la côte d'Afrique, et frété par lui pour le transport de quelques nègres destinés au recrutement des troupes noires que nous entretenons dans nos colonies d'Amérique.

Il est évident que, sous le précédent régime, la visite de la cargaison ne devait être opérée que dans le cas où l'examen des papiers de bord d'un navire n'établissait pas d'une manière satisfaisante la qua-

lité de français. Or, c'est précisément dans le même cas que la recherche à bord deviendra nécessaire à l'avenir. La convention de 1845
ne procure donc aucun avantage au commerce français en ce qui
touche la visite de la cargaison.

Je crois avoir établi que la visite pour la vérification de la nationalité n'est pas moins menaçante pour le commerce français que l'ancienne visite, spécialement destinée à la répression du trafic des esclaves. Je vais démontrer que ce nouveau droit de visite sera exercé
bien plus fréquemment que l'ancien, et qu'ainsi les abus, les violences,
les récriminations auxquels la chambre des députés voulait mettre un
terme, seront au contraire infiniment plus nombreux.

Sous le régime institué par les conventions de 1831 et 1833, la visite était exercée en vertu d'un droit volontairement et réciproquement consenti par la France et l'Angleterre. Elle ne pouvait être
opérée que par des officiers d'un grade au moins égal à celui de lieutenant de vaisseau, munis en outre de mandats spéciaux et agréés
personnellement par le gouvernement français, conditions qui leur
conféraient en quelque sorte un caractère national. Cette visite,
n'ayant pour but que la répression du trafic des esclaves, était limitée
aux lieux où ce trafic s'exerce le plus ordinairement; elle n'était autorisée que dans les parages suivans : 1° entre la côte d'Afrique et
le 30ᵉ degré de longitude à l'ouest du méridien de Paris, mais seulement depuis le parallèle du cap Vert jusqu'au 10ᵉ degré de latitude
méridionale; 2° dans une zone de vingt lieues de largeur le long des
côtes du Brésil et autour de chacune des trois îles de Madagascar, de
Cuba et de Porto Rico.

Il en sera tout autrement sous le régime nouveau. D'abord, la visite
pour vérification de nationalité étant admise, non plus en vertu d'une
convention spéciale et volontaire, mais comme découlant d'un principe général du droit des gens, cette *visite* se trouve, par le fait, *gé-
néralisée*. A l'avenir, il sera licite à tout bâtiment de guerre, anglais
ou autre, d'aborder un navire du commerce français et de s'enquérir
de sa nationalité par les moyens indiqués ci-dessus. Je sais bien que
les autres nations maritimes seront plutôt portées à protester contre
le nouveau droit qu'à s'en prévaloir pour le mettre en pratique, et
qu'en définitive la difficulté reste engagée entre la France et l'Angleterre. Voyons donc la situation faite au commerce français par les
derniers arrangemens.

Bien que les instructions annexées à la convention du 29 mai ne soient adressées qu'aux commandans des deux croisières française et anglaise, il résulte du texte de l'art. 1ᵉʳ de cette convention que des instructions semblables doivent être également envoyées au commandant de la croisière anglaise sur la côte orientale d'Afrique.

En ce qui touche la croisière occidentale, nous voyons bien qu'elle sera établie depuis le cap Vert jusqu'au 16° 30′ de latitude méridionale, c'est-à-dire qu'elle embrasse six degrés de plus; mais aucune limite dans le sens des longitudes n'est assignée à l'action des croiseurs, de telle sorte qu'elle peut s'étendre indéfiniment entre l'Afrique et l'Amérique.

En ce qui touche la croisière orientale, l'action des bâtimens qui la composent n'est limitée ni en longitude ni en latitude; elle peut ainsi s'étendre indéfiniment dans les mers orientales.

De plus, si l'on considère que le droit de vérifier la nationalité des navires est motivé par la nécessité de rendre efficace, non-seulement la répression de la piraterie et de la traite des noirs, mais celle de tout commerce illicite, il en résulte que le nouveau droit de visite ne s'applique pas seulement aux parties de l'océan fréquentées par les négriers, mais qu'il peut être également exercé partout où s'étend la navigation européenne, soit pour le commerce proprement dit, soit pour la pêche. Les navires français se trouvent exposés à être visités dans toutes les mers du monde par tous les bâtimens de guerre qui soupçonneraient, à tort ou à raison, que le pavillon français a été frauduleusement usurpé par un navire marchand de leur propre nation, pour violer impunément les lois et règlemens établis sur la navigation, sur le commerce et sur la pêche.

Remarquons enfin qu'aucune condition de grade n'est imposée aux croiseurs anglais, et qu'ils n'ont plus besoin d'être munis de mandats spéciaux et d'être agréés par le gouvernement français. Ils pourront tous visiter nos navires marchands, ou les faire visiter par l'un de leurs officiers. Le dernier *midshipman* pourra légalement procéder à la visite des navires de toutes les nations.

Ainsi, droit de visite conféré à tout bâtiment de guerre, de quelque nation qu'il soit, extension illimitée des zones où la visite peut être exercée, abolition de la double garantie du mandat spécial et de la condition du grade exigé de l'officier admis à faire la visite, telles sont les véritables conséquences de la convention de 1845. N'avais-je pas raison de dire que, sous le nouveau droit, la visite de nos bâtimens serait exercée beaucoup plus souvent et avec des garanties moindres que sous le régime précédent? Si ce résultat n'a pas été suffisamment senti en France, les hommes d'état de l'Angleterre ne s'y sont pas trompés, et sir Robert Peel a pu dire avec conviction, dans la séance du 8 juillet 1845, que « l'Angleterre n'a renoncé à aucun des avantages sérieux des anciennes conventions. »

Le nouveau droit de visite devant être exercé beaucoup plus fréquemment que l'ancien, les saisies abusives deviendront plus fréquentes, et il sera beaucoup plus difficile d'obtenir la réparation des dommages éprouvés.

Lorsque le droit de visite résultait d'une convention spéciale et volontaire, le gouvernement français avait stipulé des garanties qui n'existeront plus désormais. Ainsi, en cas de saisie des navires français sous l'empire des conventions précédentes, nous avions la garantie qui tenait au maintien de la juridiction française et au droit qu'avaient les tribunaux français de prononcer des dommages-intérêts.

En reconnaissant comme un principe général du droit des gens le pouvoir de constater, par une visite en pleine mer, la nationalité des navires, on aliène en quelque sorte le droit de protéger ceux de ces navires dont le caractère national ne serait pas pleinement justifié.

En cas de saisie évidemment abusive, en cas de violences, de préjudice matériel, le gouvernement français conservera, sans aucun doute, la faculté de demander réparation à l'Angleterre: mais les réclamations de ce genre sont loin d'avoir l'efficacité désirable. Les réparations pour cause de mauvais traitemens ne sont pas faciles à obtenir. Il s'agit d'actes qui tiennent le plus souvent à un langage grossier, à des formes rudes, à des procédés insultans auxquels les Français sont excessivement sensibles, mais qu'il n'est pas toujours possible de constater, parce que, dans les enquêtes, les faits sont attestés en sens inverse par l'équipage du navire marchand et par l'équipage du bâtiment de guerre.

Quant au préjudice matériel causé par les visites et par les saisies, on pourra souvent les constater; mais les indemnités obtenues seront en général insuffisantes et beaucoup trop tardives pour être des réparations véritables.

Le meilleur moyen d'apprécier les inconvéniens que le régime nouveau va entraîner pour notre marine marchande, c'est assurément de rappeler les résultats que la vérification du pavillon a eus pour la marine marchande de l'Union américaine. Nous avons vu que depuis le moment où les conventions de 1831 et 1833 ont été mises à exécution jusqu'à ce jour, c'est-à-dire dans un intervalle d'environ douze années, un seul navire français, *le Marabout*, a été capturé par les croiseurs anglais. L'usage de vérifier la nationalité des navires sous pavillon américain a produit des résultats bien différens. Je trouve, dans les documens communiqués au parlement anglais sur la répression de la traite des nègres, que dans un intervalle d'environ deux années les navires américains dont voici la liste ont été capturés par des croiseurs anglais :

La *Mary-Anne Cassard*, saisie sur les côtes d'Afrique, le 27 octobre 1838, par le *Brisk*.

Le *Hazard*, saisi le 4 janvier 1839 par le *Forester*.

La *Florida*, saisie le 13 janvier 1839, par le *Sarracen*, à l'embouchure de la rivière Gallinas.

L'*Eagle*, saisi devant Lagos, le 14 janvier 1839, par le *Lily*.

Le *Iago*, saisi le 21 février 1839, sur la côte d'Afrique, par le *Termagant*.

La *Clara*, saisie le 18 mars 1839, à l'embouchure de la rivière de Nun, par le *Buzzard*.

Le *Wyoming*, saisi à l'embouchure de la rivière Gallinas, le 17 mai 1839, par l'*Harlequin*.

La *Catherine*, saisie le 13 août 1839, à douze milles de Quittah, par le *Dolphin*.

Le *Butterfly*, saisi également par le *Dolphin*, en septembre 1839.

Le *Hero*, saisi le 9 juin 1840, près de la côte d'Afrique, par le *Lynx*.

Le *Jones*, saisi le 10 septembre 1840, devant Sainte-Hélène, par le *Dolphin*.

Le *Tigris*, saisi le 7 octobre 1840, devant Ambriz, par le *Forester*.

Le *Seamew*, saisi le 7 octobre 1840, par le *Persian*, aussi devant Ambriz.

Le *Douglas*, saisi sur la côte d'Afrique, le 21 octobre 1840, par le *Termagant*.

Parmi les navires ainsi capturés, quelques-uns, tels que la *Mary-Anne Cassard*, la *Florida*, le *Hazard*, l'*Eagle*, etc., étaient à la vérité des navires étrangers munis de faux papiers américains et cherchant à éluder la surveillance des croiseurs anglais, en naviguant sous le pavillon américain; mais le plus grand nombre des navires saisis dont je viens de donner la liste, tels que la *Catherine*, le *Butterfly*, le *Jones*, le *Tigris*, le *Seamew* et le *Douglas*, étaient des navires réellement américains, quelques-uns même avaient leurs papiers parfaitement en règle, et ont été purement et simplement victimes de l'abus ou de l'erreur.

Je vais raconter avec quelques détails ce qui s'est passé relativement à un de ces navires, le *Seamew*. Il fut saisi le 7 octobre 1840 devant Ambriz, comme je l'ai dit, par le brick anglais le *Persian*, commandé par le capitaine Quin. On le prit pour un négrier espagnol, et il fut conduit à Sierra-Leone pour y être condamné par le tribunal mixte anglo-espagnol. Ce tribunal ayant reconnu que ce navire était américain, on le relâcha en rétablissant le capitaine dans l'exercice de ses droits; mais il était résulté de cette détention illégale de grands dommages pour le capitaine, pour l'équipage et pour les propriétaires du navire. Je laisse de côté les mauvais traitemens qui ont cependant motivé de vives plaintes, pour n'insister que sur le préjudice positif et matériel causé par cette arrestation. Le *Seamew*, occupé dès le 7 octobre 1840 par un détachement armé du *Persian*, est conduit à Sainte-Hélène, où l'on mit à terre, en les abandonnant à eux-mêmes, tous les hommes composant l'équipage, à l'exception du capitaine et de deux matelots. Privés de leurs ressources, ces hommes se trouvèrent bientôt dispersés par la nécessité; les uns revinrent directement en Amérique, les autres allèrent à Amsterdam ou à Liverpool, selon les occasions qui se présentèrent. Pendant cent vingt-cinq jours que le navire capturé reste au pouvoir du croiseur anglais, il est obligé d'abandonner sur la côte d'Afrique une partie de son chargement, qu'on ne lui permet pas d'embarquer; en un mot, ses opérations commerciales manquent totalement par suite du retard et des obstacles qui l'empêchent d'arriver à temps sur les lieux où sa cargaison peut être vendue avec avantage. Cependant il a été reconnu par le gouvernement anglais que ce navire, saisi comme négrier espagnol, était une propriété réellement américaine, et qu'il appartenait à deux citoyens du Massachusetts, MM. Robert Brookhouse et William Hunt; que le capitaine, le second et tout l'équipage étaient également Américains; que les papiers du navire étaient parfaitement en règle, sauf quelques planches qui se trouvèrent à bord et qui ne figuraient pas sur le connaissement, où elles auraient dû être mentionnées; enfin que ce navire était employé dans un commerce légitime, car il portait principalement du café, des étoffes de coton, sur la côte d'Afrique, où il allait chercher de l'ivoire et différens objets.

Maintenant que s'est-il passé relativement à la réparation due pour une saisie aussi abusive?

Le 16 avril 1841, plus de six mois après l'arrestation du *Seamew*, la demande en réparation est adressée à lord Aberdeen par M. Stevenson, ministre des États-Unis à Londres. C'est seulement le 6 juin 1842, après un délai de plus d'un an, que lord Aberdeen admet le principe de l'indemnité due aux propriétaires lésés. Le débat s'engage alors sur la fixation du chiffre de cette indemnité. J'ignore si, au moment où je parle, la réparation est faite; tout ce que je puis dire, c'est que le 31 décembre 1844, c'est-à-dire plus de quatre ans après la saisie de ce navire, le chiffre de l'indemnité n'était pas encore fixé. J'ajouterai que pour le *Tigris*, arrêté le même jour que le *Seamew*, et pour lequel le principe de l'indemnité a été également reconnu par le gouvernement anglais, le chiffre de cette indemnité n'avait pas été fixé non plus le 31 décembre 1844, et qu'enfin pour le *Jones*, saisi le 10 septembre 1840, le point de savoir si une indemnité est due en principe aux propriétaires de ce navire n'était pas encore réglé à la même époque.

Si, depuis 1831, la marine marchande de France, visitée sous le prétexte de répression de la traite, a eu beaucoup moins à souffrir que la marine marchande de l'Amérique, visitée sous prétexte de vérifier le pavillon, ce ne doit pas être un sujet d'étonnement. Il est plus épineux qu'on ne le croit généralement d'établir le caractère national d'un bâtiment saisi en pleine mer. La pratique anglaise, en cette matière, est pleine de subtilités et de rigueurs. Afin de prévenir les conséquences de la facilité avec laquelle certains états neutres délivrent des papiers de bord aux navires marchands des puissances belligérantes, les cours d'amirauté de la Grande-Bretagne ont consacré par leurs arrêts successifs une jurisprudence extrêmement menaçante pour les autres états maritimes. Cette jurisprudence est une arme de guerre, dont il est imprudent de légitimer l'usage en temps de paix.

Je vais exposer, pour me faire bien comprendre, quelques-uns des principes consacrés en cette matière par la haute cour d'amirauté de la Grande-Bretagne.

Il a été décidé en plusieurs cas, et notamment le 28 janvier 1812, dans l'affaire du navire le *Success*, saisi le 7 janvier 1807, que la nationalité d'un navire pouvait être fixée arbitrairement, soit à raison de son caractère apparent, c'est-à-dire conformément à ses papiers de bord, soit à raison de son caractère réel, que les Anglais font consister dans la propriété du navire.

La haute cour d'amirauté a encore jugé que, lorsqu'un navire appartient à plusieurs propriétaires, et que ces propriétaires sont de diverses nations, on est libre de considérer ce navire comme appartenant en totalité à l'une quelconque de ces nations, de telle sorte que, si l'un des co-propriétaires du navire appartient à une nation ennemie, le navire est de bonne prise. Ceci montre toute la gravité de l'innovation introduite l'année dernière par la loi des douanes, innovation par laquelle nous avons admis les étrangers à entrer pour moitié dans la propriété des navires français.

Ce n'est pas tout : la haute cour d'amirauté anglaise a décidé, notamment dans l'affaire de l'*Indian Chief*, qu'un navire sous pavillon neutre, avec des papiers parfaitement en règle, et ayant pour propriétaire un négociant qui appartient en réalité à la nation neutre dont ce navire porte le pavillon, doit être considéré comme ennemi, si ce négociant réside en pays ennemi, et s'il y a son établissement commercial.

La même cour a jugé, en d'autres circonstances, que, si un négociant a des établissemens commerciaux en plusieurs pays, on peut le considérer à volonté comme appartenant à l'un ou à l'autre de ces pays, quel que soit, en réalité, le lieu de sa résidence, et que les navires qui appartiennent à ce négociant peuvent être considérés comme ennemis, si l'une de ces nations est en guerre avec l'Angleterre. Ce principe a été consacré par plusieurs jugemens, notamment dans l'affaire de l'*Ionge-Klassina*.

Enfin, lors même qu'un négociant réside dans son propre pays et n'a d'établissement commercial nulle part ailleurs, si les navires qui lui appartiennent font un commerce qui puisse être considéré, à raison du port d'où part l'expédition des navires et où ils reviennent après leur voyage, comme faisant un commerce ennemi, ces navires peuvent être traités comme ennemis et déclarés de bonne prise. Cette règle a été fréquemment appliquée, et notamment aux navires américains la *Susa* et la *Vigilantia*.

Il m'a paru nécessaire de citer ces nombreux exemples, parce que la jurisprudence anglaise, en matière de vérification de nationalité en temps de guerre, a servi de règle à la jurisprudence des tribunaux qui ont été chargés, en temps de paix, de prononcer sur la saisie des navires arrêtés en exécution des traités pour la suppression de la traite des nègres, et parce que les croiseurs anglais ont agi conformément à cette jurisprudence dans l'exercice du droit de visite et de saisie.

Rien ne montre mieux à quel point les usages de la marine anglaise en matière de vérification de nationalité sont arbitraires et menaçans que ce qui s'est passé pendant plusieurs années relativement aux navires portugais, de la part des croiseurs anglais, et de la part des tribunaux mixtes institués pour prononcer sur le sort des navires saisis.

Par les conventions de 1815 et 1817, le Portugal n'avait conféré à l'Angleterre le droit de saisie sur les navires portugais que lorsqu'ils étaient rencontrés au nord de l'équateur, et qu'on les trouvait chargés de nègres. La position de l'Angleterre était tout-à-fait différente relativement à l'Espagne depuis le traité du 28 juin 1835, et relativement au Brésil par suite de l'interprétation donnée au traité du 23 novembre 1826. Les croiseurs anglais avaient le droit de saisir partout les navires espagnols ou brésiliens hors des mers d'Europe, au sud comme au nord de l'équateur, avec ou sans nègres à bord, pourvu qu'ils fussent équipés pour la traite. — Pendant plusieurs années, on a vu avec étonnement presque tous les navires portugais qui faisaient la traite arrêtés par les croiseurs anglais, même au sud de l'équateur, sans avoir de nègres à bord, parce que la jurisprudence anglaise, en matière de nationalité, permettait de considérer les navires portugais tantôt comme espagnols et tantôt comme brésiliens, et de les faire condamner en cette qualité par les tribunaux mixtes anglo-espagnols ou anglo-brésiliens.

Je n'en finirais pas si je voulais présenter ici le tableau de tous ces faits. Un seul exemple suffira pour montrer que la vérification de la nationalité en temps de paix n'est pas moins périlleuse qu'en temps de guerre.

Le navire portugais *Sirse*, sous pavillon portugais, est rencontré en pleine mer, à dix-sept lieues au sud de Sierra-Leone, par le brick anglais *Buzzard*, commandé par le lieutenant Fitz-Gérald. Le navire est abordé, ses papiers sont examinés; on les trouve parfaitement en règle. Le propriétaire est Portugais : il réside aux îles du cap Vert, à Sant-Iago de Praïa, c'est-à-dire dans une des possessions portugaises; il n'a aucun établissement ni dans les colonies espagnoles ni au Brésil. Mais le lieutenant Fitz-Gérald découvre, en examinant les papiers de bord, que ce propriétaire a habité, plusieurs années auparavant, la ville de la Havane. Cela suffit pour que le croiseur anglais se croie en droit d'arrêter ce navire comme équipé pour la traite et comme espagnol, ce qu'il n'aurait pas pu faire s'il l'eût regardé comme portugais, attendu qu'il n'y avait pas de nègres à bord. Le tribunal mixte anglo-espagnol de Sierra-Leone, devant qui ce navire fut conduit, déclara, le 22 décembre 1838, la prise valable, et prononça la confiscation du navire et de sa cargaison. A la vérité, l'arrêt n'est pas fondé sur ce que le propriétaire du *Sirse* résidait à la Havane, mais sur ce que le *Sirse* faisait un voyage qui avait pour point de départ et pour terme un port espagnol, la Havane. Les considérans de cet arrêt sont appuyés sur les jugemens rendus par la haute cour d'amirauté britannique en pareil cas et en temps de guerre.

Si l'on voit les croiseurs anglais attacher arbitrairement tantôt une nationalité et tantôt une autre aux navires qu'ils saisissent, ce n'est pas seulement pour placer ces navires sous le poids d'une convention plus rigoureuse ; ils ont égard aussi aux chances de condamnation qu'offrent les différens tribunaux en raison de la manière dont ils sont composés. Par exemple, pendant plusieurs années, l'Espagne n'a pas entretenu de commissaires à Sierra-Leone, de telle sorte que le tribunal mixte anglo-espagnol ne se composait en réalité que de deux commissaires anglais. Les croiseurs, intéressés à la condamnation des navires saisis et se croyant plus sûrs de faire déclarer la prise valable par un tribunal composé de deux juges anglais que par un tribunal réellement mixte, cherchaient à attacher la nationalité espagnole à tous les navires capturés, pour peu que les circonstances s'y prêtassent. Je choisis, entre beaucoup d'exemples, un des plus récens. Le navire *Aguia*, sous pavillon brésilien, fut saisi le 19 septembre 1843 par le croiseur anglais *l'Espoir*. Ce navire était équipé pour la traite. Ses papiers, parfaitement en règle, prouvaient qu'il était brésilien, et qu'il avait pour propriétaire un Brésilien. Il était naturel de le traduire devant le tribunal mixte anglo-brésilien. Cependant le capteur, intéressé à choisir le tribunal anglo-espagnol établi dans le même lieu, y réussit, parce que le propriétaire de l'*Aguia* résidait à la Havane. La prise fut déclarée valable. Mention fut encore faite, dans les considérans de l'arrêt, des jugemens rendus en des cas analogues par la haute cour d'amirauté britannique en temps de guerre.

La convention du 29 mai ne consiste pas seulement dans la servitude qu'elle impose à notre marine marchande, dans les périls qu'elle lui prépare ; elle fait quelque chose de plus : les instructions qui y sont annexées prescrivent à notre marine militaire de vérifier la nationalité des navires sous pavillon étranger. Notre marine va ainsi exercer une pratique abusive qui n'est encore admise par aucun gouvernement étranger, et que certaines puissances repoussent formellement.

Les peuples se soumettront-ils, d'un commun accord, à la servitude qu'on prétend généraliser en vertu du droit des gens ? On connaît à cet égard les sentimens de la nation américaine. Avant 1841, le gouvernement des États-Unis a souvent protesté lorsque la marine anglaise a violé l'indépendance du pavillon américain pour vérifier la nationalité des navires. Depuis que l'abus a été érigé en principe, les Américains ont repoussé le principe de même qu'ils avaient réclamé contre l'abus. Seront-ils disposés à subir, de la part de la France, ce qu'ils repoussent de la part de l'Angleterre ?

De ce que l'Angleterre n'a de contestations qu'avec les États-Unis pour la vérification du pavillon, il ne faut pas conclure que la France n'aurait de démêlés semblables qu'avec cette même république. L'Angleterre est parvenue à faire avec toutes les puissances maritimes des traités spéciaux, qui l'autorisent à pratiquer la visite, soit pour l'examen de la nationalité, soit pour la répression de la traite; mais la France n'a conclu de traités semblables qu'avec un petit nombre de puissances, et par conséquent elle est exposée à rencontrer de la part de beaucoup de nations, parmi lesquelles on peut citer les principaux états de l'Europe, une résistance semblable à celle que les États-Unis opposent à l'Angleterre.

III.

Les inconvéniens que doit entraîner la convention du 29 mai 1845 ne pèseront pas sur le commerce britannique comme sur le commerce français, et nos bâtimens de guerre ne pourront, en aucun cas, exercer utilement le droit de vérifier la nationalité des navires. Ce droit ne peut d'abord nous servir à rien pour la répression de la piraterie, qui n'est ici nullement en question. Si un navire, par des actes positifs d'agression ou par des démonstrations menaçantes et non équivoques, a donné lieu de penser qu'il se livre à la piraterie, le droit non-seulement de vérifier sa nationalité, mais de le visiter à fond et de le saisir, de quelque pavillon qu'il soit couvert, est concédé à tous les bâtimens de guerre indistinctement, par le consentement unanime des peuples. Comme d'ailleurs on reconnaît que toutes les nations ont également le droit de juger selon leurs propres lois tous les pirates, à quelque pays qu'ils appartiennent, on a fait, quant à la police de la mer, les exceptions nécessaires au maintien de la sûreté générale de la navigation. Il s'agit donc seulement d'examiner de quelle utilité peut être le nouveau droit pour la répression de la traite des noirs ou de tout autre commerce illicite.

La police pour l'exécution de nos lois et règlemens à l'égard du commerce et de la navigation s'exerce avec une entière efficacité dans nos ports, dans nos rades, sur nos côtes, et dans la zone maritime sur laquelle s'étendent notre juridiction et notre souveraineté. C'est là que nous pouvons, autant que nous jugeons à propos de le

faire, multiplier nos moyens de police et aggraver les peines attachées à la violation de nos lois; c'est là, dis-je, que s'exerce la police
véritablement efficace. Je n'ai entendu citer aucune de nos lois, aucun
de nos règlemens sur le commerce ou sur la navigation qui exigeât,
pour en assurer l'exécution, l'établissement d'une police nouvelle en
pleine mer; et, si l'on pouvait citer quelques exemples, je suis con-
vaincu que l'on y pourvoirait efficacement en multipliant les moyens
de police territoriale, et en aggravant les dispositions pénales qui s'y
rapportent : il se passerait alors ce qui est arrivé pour la traite des nègres. Tant que la police exercée en France et dans nos colonies par
nos diverses administrations, tant que la police faite par nos con-
suls et par nos bâtimens de guerre dans les ports étrangers sur nos
nationaux ont été peu actives, et tant que nos lois pénales contre la
traite ont été peu rigoureuses et n'ont pas embrassé tous les cas
qu'elles pouvaient atteindre, on a introduit des nègres dans nos colonies, et la navigation française a pris part à l'importation des esclaves dans les pays étrangers; mais depuis que des moyens de police
plus complets ont été pris, et depuis que la loi de 1831 a établi des
dispositions pénales suffisamment rigoureuses, d'une part l'importation des esclaves dans nos colonies a totalement cessé, d'autre part
la navigation française est demeurée entièrement en dehors de toute
opération de traite. Quoi qu'en dise le préambule de la convention du
29 mai, les résultats que je viens de signaler étaient obtenus deux
ans avant que, par l'échange des premiers mandats, à la fin de 1833,
les conventions conclues avec l'Angleterre fussent mises à exécution.

Ce que je viens de dire s'applique également aux autres nations.
Toutes celles qui ont voulu sérieusement abolir la traite y sont depuis
long-temps parvenues, indépendamment de toute police exercée en
pleine mer, par le seul effet de leur police territoriale et de la sévérité
des lois pénales qu'elles ont promulguées. Ainsi l'importation des noirs
ne se fait plus dans les colonies anglaises, suédoises, danoises, hollan-
daises, c'est-à-dire dans aucune des colonies européennes, à l'exception des colonies espagnoles; elle ne se fait plus dans aucun des états
de l'Amérique, à l'exception du Brésil, et la navigation d'aucun pays,
à l'exception de l'Espagne, du Portugal et du Brésil, ne prend part
au transport des nègres d'Afrique en Amérique.

A la vérité, les croiseurs anglais ont capturé, il y a peu d'années,
comme suspects de traite, deux navires sous pavillon anséatique : l'un,
la Louise, a été capturé en 1841; l'autre, *le Jules-Édouard*, en 1842;

le premier était de Hambourg, l'autre de Brême. Les tribunaux compétens ont décidé que ni l'un ni l'autre ne faisaient la traite. Nos croiseurs ont bien capturé deux navires sardes, le *Pocha* en 1840 et la *Maria-Annetta* en 1842; mais ces deux navires n'étaient pas des négriers : c'étaient des pirates, c'est en qualité de pirates que le conseil d'état en a déclaré la prise valable, et que leurs équipages ont été jugés par nos tribunaux maritimes. A l'exception de quelques faits de traite commis, il y a plusieurs années, par des navires américains et à raison desquels le gouvernement des États-Unis a pris des mesures qui en ont prévenu le retour, on peut dire que, depuis douze ans, les Portugais, les Brésiliens et les Espagnols sont les seuls qui fassent la traite.

Nos croiseurs n'ont le droit de réprimer la traite que sur les navires français, qui ne la font pas, et sur les navires des puissances avec qui nous avons conclu des traités spéciaux sur le droit de visite, telles que la Sardaigne, le Danemark, la Toscane, la Suède, Naples et les villes anséatiques, qui ne la font pas davantage. Comme nous n'avons aucun traité ni avec l'Espagne ni avec le Portugal, ni avec le Brésil, il s'ensuit que nos croiseurs ne peuvent rien pour la suppression du trafic des noirs. A quoi servira-t-il qu'un croiseur français, rencontrant un négrier, vérifie sa nationalité? Cette vérification lui procurera le plaisir d'apprendre si le navire suspect est espagnol, portugais ou brésilien; mais, n'ayant aucun droit de saisir ce négrier, il sera obligé de lui laisser continuer son voyage, eût-il 500 nègres à bord.

La position de l'Angleterre est toute différente. L'Angleterre est la seule puissance qui ait conclu avec l'Espagne, le Portugal et le Brésil des conventions spéciales pour la répression de la traite. En vertu de ces conventions, non-seulement elle a droit de visite et de saisie sur les navires de ces trois nations, mais elle siége, par ses commissaires, dans les tribunaux établis pour statuer sur la validité des prises faites par ses croiseurs sur les négriers portugais, espagnols et brésiliens. L'Angleterre se trouve donc par le fait la seule puissance en mesure d'exercer, pour la répression du commerce des esclaves, une action réelle et sérieuse. Un document officiel, communiqué l'année dernière au parlement, montre que, depuis l'établissement des tribunaux mixtes, 429 navires portugais, brésiliens ou espagnols ont été traduits devant eux après avoir été saisis par les croiseurs anglais, que 381 ont été condamnés et confisqués, ainsi que leurs cargaisons, et que depuis l'époque où les conventions de 1831 et 1833 ont été mises à l'exécution, c'est-à-dire depuis le commencement de 1834,

348 navires portugais, brésiliens ou espagnols ont été capturés par les croiseurs anglais et conduits devant les tribunaux compétens, tandis que les croiseurs français n'ont pas effectué une seule saisie.

La position des officiers de notre marine et des équipages des bâtimens de guerre que nous envoyons depuis tant d'années sur la côte d'Afrique, pour exercer un simulacre de répression, est véritablement intolérable. On les retient dans une situation inégale et inférieure à l'égard des croiseurs anglais, qui saisissent des centaines de bâtimens et partagent entre leurs équipages les primes qu'on leur accorde, indépendamment du produit de la vente des navires capturés et de leurs cargaisons. Il n'est pas bon de placer la marine française en de telles conditions, et de la faire assister au spectacle de cette magistrature exclusive, et suprême exercée par la marine anglaise sur les navires marchands de toutes les nations.

Je ne conteste nullement les sentimens généreux qui ont dicté les mesures prises par l'Angleterre pour la suppression de la traite; je suis loin de croire que tout ce qu'elle a fait dans cette pensée ait été une combinaison machiavélique pour établir sa suprématie maritime. Toutefois, quand je considère non plus l'intention de ces mesures, mais leurs effets, j'éprouve de sérieuses inquiétudes. L'adhésion de la France au système qui tend à restreindre l'indépendance des pavillons est un mauvais exemple et un grand danger. Supposons que l'union de la France et de l'Angleterre soit assez imposante pour prévenir toute résistance de la part des autres états maritimes; supposons même que la convention du 29 mai ait pour effet de mettre fin à la résistance des États-Unis : pense-t-on qu'après avoir ainsi contribué à faire prévaloir des principes contraires à la liberté des mers et à l'indépendance des pavillons par le concours donné à l'Angleterre contre les États-Unis, la position de la France, comme puissance maritime, ne soit pas profondément changée?

Je remarquerai, en terminant, que la convention de 1845 n'était pas même nécessaire pour mettre fin au régime institué par les traités de 1831 et 1833. Ces traités avaient été conclus, de l'aveu du ministre anglais qui les a signés, à titre d'expérience. Une expérience de douze années ayant prouvé que l'action des croisières françaises est entièrement illusoire, la France était en droit de s'abstenir d'employer des croiseurs pour la suppression de la traite des nègres : elle pouvait légitimement faire usage du droit que lui réserve l'article 3 de la convention de 1831, et s'abstenir de renouveler les mandats des croiseurs anglais. Elle eût trouvé ainsi, dans une interprétation légitime, loyale, nécessaire, des traités de 1831 et 1833, les moyens de mettre fin aux inconvéniens qui en résultaient pour elle, sans être obligée d'introduire dans le droit des gens et dans les usages maritimes la grave innovation que la convention du 29 mai 1845 a légitimée.

Cette convention tend à consacrer, dans le droit des gens, une seconde innovation dont je n'ai pas parlé, et qui sera l'objet d'un examen spécial.

IMPRIMERIE DE H. FOURNIER ET Cᵉ

RUE SAINT-BENOÎT, 7

www.ingramcontent.com/pod-product-compliance
Ingram Content Group UK Ltd.
Pitfield, Milton Keynes, MK11 3LW, UK
UKHW020053080726
13614UKWH00004B/1996